EXTRAIT

des

Comptes rendus sur les travaux de la Délégation de paix autrichienne à Saint-Germain-en-Laye [1]

---

(1) « *Bericht über die Tätigkeit der deutschösterreichischen Friedensdelegation in Saint-Germain-en-Laye* », publié par le Gouvernement autrichien en deux tomes.

EXTRAIT

des

Comptes rendus sur les travaux de la Délégation de paix
autrichienne
à Saint-Germain-en-Laye [1]

---

[1] « *Bericht über die Tätigkeit der deutschösterreichischen Friedensdelegation in Saint-Germain-en-Laye* », publié par le Gouvernement autrichien en deux tomes.

I

Tome I, pages 83-84.

NOTE VERBALE

Saint-Germain-en-Laye, le 12 juin 1919.

**Délégation
de
l'Autriche Allemande.**

—

N⁰ 281.

Au
Secrétariat du Congrès de Paix,

Paris.

Par des plaintes qui ont été récemment adressées au Gouvernement de l'Autriche allemande et qui sont confirmées par des nouvelles publiées dans la presse, il a été porté à la connaissance dudit Gouvernement que dans les Etats constitués sur les territoires de l'ancienne Autriche, ainsi que sur les contrées actuellement occupées qui, autrefois, en faisaient partie, on procède à la séquestration ou à la liquidation des valeurs autrichiennes allemandes sans que ces actes soient fondés au point de vue juridique. De telles mesures auraient été prises aussi bien dans les Etats tchéco-slovaque, serbo-croate-slovène et polonais que dans les territoires de l'ancienne Monarchie, actuellement occupés par les Italiens et par les Roumains. Pour sauvegarder de prétendus intérêts économiques de l'Etat ou de ses ressortissants, les Gouvernements en question se croient en droit de prendre à l'égard des ressortissants autrichiens-allemands des mesures exceptionnelles de guerre et des mesures de disposition : ils ne tiennent compte du fait que jamais l'état de guerre n'a subsisté entre la République autrichienne allemande et les autres Etats succédant à l'Autriche-Hongrie et que — en tant qu'il s'agit de puissances autrefois belligérantes — ce n'est pas l'Autriche allemande qui fut en état de guerre avec elles. De telles mesures qui menacent gravement la vie matérielle de l'Autriche allemande et qui finiraient par faire subsister dans les régions en question un régime arbitraire et basé sur la violence, sont absolument injustifiables au moment actuel où le rétablissement de la paix forme l'objet de négociations entre les puissances intéressées et où, par conséquent, tout changement unilatéral du *statu quo* juridique devrait être exclu. Ce point de vue est d'autant plus justifié que, tâchant de mitiger dans la mesure du possible la guerre économique, l'Autriche allemande s'est toujours strictement limitée à des mesures de rétorsion et que même cette rétorsion n'a été exercée que de la manière la plus modérée.

La Délégation autrichienne allemande proteste formellement contre ces mesures lésant, au préjudice de ressortissants autrichiens-allemands, le droit de la propriété privée, mesures qui ne sont pas fondées en droit et qui comportent des dangers sérieux pour la vie économique de l'Autriche allemande.

Ayant recours à l'obligeante intervention du Secrétariat général, afin que cette protestation soit portée à la connaissance du Conseil suprême de la Conférence de la Paix, la Délégation autrichienne-allemande se permet d'adresser à ce dernier l'urgent appel d'interdire, pour l'avenir, l'application de mesures coercitives et d'exercer son influence à l'effet d'obtenir — jusqu'à nouvelles dispositions — la suspension d'actes semblables en tant qu'ils sont en train d'être exécutés.

II

Tome I, page 63.

Conditions de Paix avec l'Autriche
présentées le 2 Juin 1919

ARTICLE 49.

Chaque Gouvernement des puissances alliées ou associées se réserve le droit de retenir et de liquider, conformément à l'article 32 et à l'Annexe de la Section IV, tous les biens, droits et intérêts que possédaient, à la date du 1er novembre 1918 les ressortissants autrichiens ou les sociétés contrôlées par eux sur les territoires de l'ancienne monarchie austro-hongroise à lui transférés par le présent Traité.

L'Autriche indemnisera les ressortissants autrichiens dépossédés par lesdites liquidations.

L'affectation du produit de ces liquidations sera réglée conformément aux dispositions des Sections III et IV.

Ceux des ressortissants autrichiens qui, sans obtenir la nationalité d'une puissance alliée ou associée à laquelle des territoires sont transférés en vertu du présent Traité, recevront l'autorisation de résider sur lesdits territoires, ne seront pas soumis aux dispositions du présent article.

III

Tome I, pages 186-189.

NOTE

Délégation
de
l'Autriche Allemande.

N° 507.

A Son Excellence
Monsieur le Président de la Conférence de la Paix,
Georges Clémenceau,
Paris.

Saint-Germain-en-Laye, le 23 juin 1919.

Monsieur le Président,

La Délégation autrichienne-allemande n'a pas tardé de se livrer à l'examen des clauses économiques qui lui ont été transmises par les puissances alliées et associées. La Délégation ne manquera pas de présenter aussitôt que possible à la Haute Conférence ses observations sur les autres dispositions économiques ainsi que sur l'ensemble des clauses financières dès qu'elle en aura connaissance. Elle se voit cependant, dès maintenant, dans la nécessité d'appeler l'attention de la Conférence de la Paix sur une question de laquelle il dépendra si l'Autriche allemande sera à même d'exécuter les conditions de paix au point de vue économique et financier.

D'après les dispositions de l'article 49 (Partie X, Section VIII), les Etats qui se sont partagé le domaine de la Monarchie austro-hongroise, en tant qu'ils sont considérés aujourd'hui comme puissances alliées et associées, auront la faculté de retenir et de liquider tous les biens qu'à la date du 1er novembre 1918, possédaient sur leurs territoires les ressortissants autrichiens ou les sociétés par eux contrôlées. Depuis des siècles, jusqu'au mois de novembre 1918, ces territoires étaient réunis dans l'ensemble de la Monarchie austro-hongroise avec les provinces qui, aujourd'hui, forment l'Autriche allemande. Dans les différentes parties de cette Monarchie, les Autrichiens allemands ont leurs fabriques, leurs terrains, leurs immeubles, leurs crédits, bref toutes les valeurs composant leur fortune, à l'exception de celles qui étaient placées à l'étranger. D'après les conditions de paix, l'Autriche allemande conserverait une population de six millions sur les cinquante-deux millions que comptait l'ancienne Monarchie danubienne ; enlever à ces six millions d'Autrichiens allemands toute leur propriété qui se trouve sur le territoire des Etats nouvellement formés équivaudrait, à peu près, à la perte de la totalité de leur fortune privée. On ne saurait cependant se rendre compte de la gravité de ces mesures et des funestes conséquences qu'elles entraî-

neraient pour la vie économique de l'Autriche allemande, qu'en prenant
en considération l'importance de Vienne, capitale et centre financier de
l'ancienne Monarchie. C'est à Vienne, en effet, que les banques, les crédits fonciers et les autres institutions financières avaient leurs établisse-
ments principaux et les entreprises industrielles, leurs bureaux centraux,
tandis que les usines elles-mêmes et d'autres valeurs foncières et mobi-
lières se trouvent dans toutes les parties de l'ancienne Monarchie.
Or, si la disposition dont il s'agit entrait en vigueur, toute la propriété
autrichienne allemande située au delà de la frontière qui ne passe qu'à
quelques kilomètres de Vienne serait condamnée à l'anéantissement.
Sans vouloir entrer dans les détails de la question, il est évident qu'un
tel procédé entraînerait nécessairement la ruine complète de la capitale,
de l'Etat, de toutes les institutions financières et de la plupart des entreprises privées. La partie de beaucoup la plus considérable de la propriété
privée de nos ressortissants serait liquidée par les Gouvernements des
Etats nouvellement constitués, dépouillement qui serait mis en exécution dans les régions avec lesquelles nous avons été réunis jusqu'à la
fin de la guerre. On va si loin d'autoriser même la liquidation de nos
valeurs se trouvant sur le territoire allemand de l'ancienne Monarchie,
par exemple, en Bohême allemande. Aucun Gouvernement n'aurait ni
le droit, ni le pouvoir de souscrire à des stipulations impliquant une
telle lésion des droits privés de ses ressortissants, lésion d'ailleurs sans
précédent dans l'Histoire.

Il nous semble exclu que l'insertion de cet article dans les conditions
de paix soit la conséquence d'un raisonnement basé sur la réalité des
faits. Nous nous trouvons dans l'impossibilité absolue d'y voir autre
chose que l'application aux rapports existant entre nous et les autres
Etats successeurs de dispositions destinées à régler les relations entre
l'Allemagne et les Etats vainqueurs. Or, notre situation juridique et
économique, vis-à-vis des autres Etats nouvellement constitués sur le
territoire de la Monarchie austro-hongroise, ne présente pas la moindre
analogie avec celle de l'Allemagne à l'égard des puissances alliées et
associées. Seule la fortune allemande, située sur leurs territoires et consti-
tuant, par conséquent, une partie des valeurs étrangères de l'Allemagne,
sera liquidée par ces puissances et non pas la propriété privée se trouvant en Allemagne même. C'est bien de cette considération que partent
les puissances alliées et associées en exprimant, dans leur réponse adres-
sée le 16 juin 1919 à la Délégation allemande, leur conviction que
malgré la liquidation de ses valeurs à l'étranger, l'Allemagne qui conserverait à l'intérieur sa fortune nationale, pourrait céder les biens demandés
sans qu'un trouble profond en résulte dans sa vie intérieure. Par ce raisonnement, les puissances alliées et associées elles-mêmes ont clairement
démontré qu'en rédigeant l'article 49 (Partie X) elles étaient loin de se
rendre compte des conséquences qui, pour nous, résulteraient du fait
que nos concitoyens se verraient privés de la majeure partie de leurs
biens situés sur le territoire de la Monarchie même. Serait-ce, en effet,
nécessaire de prouver que ce procédé entraînerait l'effondrement financier et le chaos économique ? Ce sont les experts des principales puissances alliées et associées qui pourraient confirmer, eux-mêmes, qu'une
liquidation de la Monarchie austro-hongroise basée sur la liquidation
de tous les biens appartenant à nos ressortissants et situés dans les autres
Etats successeurs constituerait une impossibilité absolue.

Le Traité de Paix prévoit, il est vrai, que l'Autriche allemande dédommagera ses ressortissants évincés de leurs propriétés ; mais cette disposition nous ferait l'effet d'un amer sarcasme si elle ne démontrait, au contraire, que les Puissances alliées et associées — occupées jusqu'ici de questions plus urgentes, sans doute — n'ont pu encore se consacrer à l'examen de circonstances qui, pour nous, représentent une question de vie ou de mort. Après avoir enlevé aux Autrichiens allemands la majeure partie de leurs biens et privé par là, dans la même proportion, l'Etat de sa fortune nationale, seule source de ses revenus, on voudrait prétendre que cet Etat fût à même de dédommager ses ressortissants de leurs pertes. Il est évident que cette clause exige l'impossible : la tentative de la mettre en exécution anéantirait — à elle seule et abstraction faite de la situation économique plus que précaire de la République autrichienne allemande — notre vie matérielle, publique et privée. A bout de forces par suite des conséquences de la guerre, l'Autriche allemande a été éprouvée bien plus cruellement que tout autre Etat successeur de l'ancienne Monarchie par la dissolution de cet Empire et par le bouleversement en Hongrie qui, en grande partie, a réduit à néant ou exposé aux plus graves dangers ce qui reste encore de sa fortune. Dans cette situation littéralement désespérée, c'est seul à l'aide des Grandes Puissances que nous pouvons procurer à notre population épuisée par la faim et par suite du chômage, les vivres et les matières premières les plus indispensables. Mais de quoi, la question s'impose, payerons-nous ces matières, dès qu'en retenant la majeure partie du reste de notre fortune nationale, les Gouvernements des nouveaux Etats nous auront rendu impossible l'acquittement, soit par l'exportation de nos produits, soit par la remise d'une partie de notre capital? La publication de ces dispositions du Traité a suffi à ébranler la confiance de notre peuple dans le régime social et juridique existant, en créant les plus sérieuses entraves aux efforts incessants de notre Gouvernement de réorganiser notre vie économique : l'entrée en vigueur des clauses en question rendrait impossible le maintien de l'ordre économique et social.

Nous sommes, par conséquent, obligés d'adresser à la Conférence de la Paix l'urgent appel de rayer l'article 49 des Conditions de Paix et de faire respecter la propriété privée de nos ressortissants dans toutes les parties de l'ancienne Autriche-Hongrie.

Omissis.

Veuillez, etc.

Signé : RENNER.

IV

Tome I, pages 320-321.

NOTE

Saint-Germain-en-Laye, le 8 juillet 1919.

Son Excellence

Monsieur Renner,
Président de la Délégation autrichienne.

Monsieur le Président,

Les notes des 10, 12, 16, 23 et 25 juin ont fait, de la part des Puissances alliées et associées, l'objet d'un examen attentif. Dans l'ordre économique, ces notes se rapportent à deux questions principales :

1º La liquidation des biens autrichiens dans les Etats issus de l'ancienne Monarchie dualiste ou dans les Etats cessionnaires de territoires de l'ancien Empire austro-hongrois.

Omissis.

1º Elles estiment devoir prendre en considération les observations contenues dans la note autrichienne du 23 juin en ce qui concerne l'effet qu'exercerait probablement sur la vie économique de l'Autriche le droit qu'auraient les Etats détenteurs de territoires qui faisaient partie antérieurement de la Monarchie austro-hongroise de retenir et de liquider tous biens que des ressortissants autrichiens ou des compagnies contrôlées par eux possédaient dans ces territoires à la date du 1er novembre 1918. Elles considèrent que les observations en question ne sont pas sans valeur et elles ont, en conséquence, décidé de supprimer l'article 49 de la partie (clauses économiques) du projet de traité précédemment communiqué, et d'y substituer l'article suivant qui donne pleine satisfaction au désir que la Délégation autrichienne a exprimé, en cette matière, dans la note ci-dessus mentionnée :

« Nonobstant les dispositions de l'article 32 et de l'annexe à la section IV, de la partie X (clauses économiques), tous les biens, droits et intérêts des ressortissants autrichiens ou des compagnies contrôlées par eux, situés dans les territoires qui faisaient partie de l'ancienne Monarchie austro-hongroise, ne seront pas soumis à retention ou liquidation par application desdites dispositions. Les biens, droits et intérêts dont il est fait ici mention ne comprennent pas les biens qui sont visés à l'article 12 de la partie X (clauses financières). (1)

Le présent article n'affecte en aucune manière les dispositions contenues à la partie VIII (réparations), section 1, annexe 3, en ce qui concerne la propriété des ressortissants autrichiens en matière de navires et bateaux.»

Omissis.

---

(1) L'alinéa 2 du texte définitif, établissant la réatroactivité de la stipulation contenue à l'alinéa 1, fait encore défaut. Voir pages 11, 14 et surtout 13.

V

Tome I, page 421.

NOTE

**Délégation
de
l'Autriche Allemande.**

N° 686.

Saint-Germain-en-Laye, le 16 juillet 1919.

A Son Excellence
Monsieur le Président de la Conférence de la Paix
Georges Clémenceau,

Paris.

Monsieur le Président,

Omissis.

Nous nous permettons d'exprimer les sentiments de sincère satisfaction qu'ont fait naître en nous la suppression, par la Haute Conférence de la Paix, de l'article 49 et l'insertion d'une clause qui exclut la séquestration et la confiscation des biens de nos ressortissants sur les territoires de l'ancienne Autriche-Hongrie. La solution rapide de cette question a fait disparaître un élément d'inquiétude qui menaçait gravement l'activité économique de notre pays.

Omissis.

VI

Tome II, pages 42-43.

Conditions de Paix avec l'Autriche
présentées le 20 Juillet 1919

ARTICLE 261.

Nonobstant les dispositions de l'article 244 et de l'Annexe de la Section IV, les biens, droits et intérêts des ressortissants autrichiens ou des sociétés contrôlées par eux, situés sur les territoires de l'ancienne Monarchie austro-hongroise, ne seront pas sujets à saisie ou liquidation en conformité de ces dispositions. (1)

Les biens, droits et intérêts visés par le présent article ne comprennent pas les biens soumis à l'article 204 de la Partie IV (Clauses financières).

Rien dans le présent article ne portera atteinte aux dispositions de l'Annexe III à la Section I de la Partie VIII (Réparations) relativement à la propriété des ressortissants autrichiens sur les navires et bateaux.

---

(1) L'alinéa 2 du texte définitif, établissant la rétroactivité de la stipulation contenue à l'alinéa 1, fait encore défaut. Voir pages 9, 14 et surtout 13.

VII

Tome II, pages 313-314.

Conférence de la Paix

Président   Paris, le 2 septembre 1919.

Lettre d'envoi au Président de la Délégation Autrichienne de la réponse des Puissances Alliées et Associées

Omissis.

Les Puissances alliées et associées, cependant, n'ont aucun désir d'aggraver la situation malheureuse de l'Autriche. Bien au contraire, elles désirent vivement faire tout ce qui est en leur pouvoir pour aider son peuple à s'accommoder de sa nouvelle situation et à retrouver la prospérité, à condition toutefois que ce ne soit jamais aux dépens des nouveaux Etats issus de l'ancien Empire.

L'effondrement de la monarchie a donné naissance à beaucoup de problèmes difficiles dans les relations entre les nouveaux Etats qui, de par le Traité, sont ses héritiers. On a toujours considéré comme raisonnable que les rapports entre les citoyens des nouveaux Etats fussent réglés, à certains égards, autrement que les rapports entre les citoyens de l'Autriche et ceux des Puissances alliées et associées. Mais, en raison des observations présentées par la Délégation autrichienne, les Puissances alliées et associées, tout en s'en tenant aux lignes générales du Traité, ont introduit des modifications considérables dans ses stipulations économiques. Les biens des ressortissants autrichiens, dans les territoires cédés aux Puissances alliées, seront rendus à leurs propriétaires ; ces biens seront libres de toute mesure de liquidation ou de transfert prise depuis l'armistice, et une exemption semblable (1) de toute mesure de saisie ou de liquidation leur est garantie pour l'avenir (2).

Omissis.

---

(1) Le cercle des mesures est le plus large possible.
(2) La défense vaut pour tout l'avenir.

VIII

Tome II, page 360.

Réponse des Puissances Alliées et Associées
aux remarques
de la délégation Autrichienne sur les conditions de Paix

Omissis.

ARTICLE 267 (261).

Pour faire droit aux observations du Gouvernement autrichien, d'après lesquelles, étant donné les mesures prises avant la mise en vigueur du Traité de Paix, les dispositions de l'article 267 qui interdit la saisie ou la liquidation des biens des ressortissants autrichiens dans les territoires transférés, peuvent en fait, être rendues illusoires, les Puissances alliées et associées ont ajouté à cet article une stipulation prévoyant que tous ces biens seront restitués à leurs propriétaires, libérés de toutes ces mesures ou de toute mesure de transfert prises entre le 3 novembre 1918 et la mise en vigueur du Traité. A cet effet, elles ont décidé d'ajouter à la fin du paragraphe 1er de l'article 267 les mots ci-après :

« Ces biens, droits et intérêts seront restitués aux ayants-droit, libérés de toute mesure de ce genre ou de toute autre mesure de disposition, d'administration forcée ou de séquestre, prises depuis le 3 novembre 1918 jusqu'à la mise en vigueur du présent Traité. Ils seront restitués dans l'état où ils se trouvaient avant l'application des mesures en question. » (1)

---

(1) L'alinéa 2 du texte définitif. Voir pages 9, 11 et 14.

IX

Traité de Paix de Saint-Germain

ARTICLE 267.

Nonobstant les dispositions de l'article 249 et de l'Annexe de la Session IV, les biens, droits et intérêts des ressortissants autrichiens ou des sociétés contrôlées par eux, situés sur les territoires de l'ancienne Monarchie austro-hongroise ne seront pas sujets à saisie ou liquidation en conformité de ces dispositions. (1)

Ces biens, droits et intérêts seront restitués aux ayants-droit, libérés de toute mesure de ce genre ou de toute autre mesure de disposition, d'administration forcée ou de séquestre (2) prises depuis le 3 novembre 1918 jusqu'à la mise en vigueur du présent Traité. Ils seront restitués dans l'état où ils se trouvaient avant l'application des mesures en question. (3)

Les biens, droits et intérêts visés par le présent article ne comprennent pas les biens soumis à l'article 208, Partie IX (Clauses financières).

Rien dans le présent article ne portera atteinte aux dispositions de l'Annexe III à la Section I de la Partie VIII (Réparation) relativement à la propriété des ressortissants autrichiens sur les navires et bateaux.

---

(1) Cet alinéa 1 contient la règle principale qui vaut pour tout l'avenir. Voir pages 9, 11 et 12, note 2.

(2) Le cercle des mesures est le plus large possible. Voir page 12, note 1.

(3) Cet alinéa 2 contient surtout la disposition qui donne effet rétroactif à la règle principale exprimée dans l'alinéa 1 jusqu'au moment de l'armistice, premier moment où les Etats que tout l'article concerne pouvaient entrer en contact avec les biens des ressortissants autrichiens situés sur les territoires transférés. Voir pages 9, 11 et 13.

Paris. — Imp. E. Desfossés, 13, Quai Voltaire, — 93627